豆乳

からだを整える基本の食材

ウー・ウェン

はじめに

豆乳が注目されるのは、私が日本に来てから初めてのことではないでしょうか。当時は、「牛乳は毎日飲むように」とはよく言われましたが、豆乳についてはまったく話題に上っていませんでした。その後、健康な食を意識する人の間で使われるようになり、今では多くのカフェで豆乳入りのコーヒーが提供されるようになりました。豆乳鍋が好きな方も増え、スーパーでは、豆乳だけが並ぶ棚が設けられています。豆乳で作ったヨーグルトが飛ぶように売れているという話も聞きますね。そしてそこには「便秘解消に！」「コレステロール値を下げる！」などの健康効果がうたわれているものがほとんど。

子どもの頃から豆乳に慣れ親しんでいる私にとって、日本の方々に豆乳のよさをご理解いただき、ファンが増えたことは、これほどうれしいことはありません。ですから、あらためて「豆乳の本を出版したい」と思ったのです。

〝あらためて〟というのは、実は本書には前身があり、2010年に出版した『ウー・ウェンの豆乳三昧』を基《もと》にしているからです。もう13年前になりますね。今見ても新鮮で、レシピはいつも私が作っている、普遍的なもの。豆乳ファンが増えた今、さらに多くの方に喜んでいただける1冊かと思います。そのため『豆乳三昧』に新しいレシピと、豆乳の毎日の暮らしへの取り入れ方や、私の健康習慣に関するお話ページも入れて、再編集しました。

豆乳は、からだによく、料理に使うのも超簡単！　忙しいみなさんにぜひ使ってほしい食材です。そして、読者のみなさんとご家族、大切な方々が元気に毎日を過ごせますように、本書をご活用いただけますと幸いです。

ウー・ウェン

目次

★計量単位は、1カップ＝200㎖、大さじ1＝15㎖、小さじ1＝5㎖です。

じんわりとからだ目覚める朝1杯の豆乳を

じんわりと
からだ目覚める
朝1杯の豆乳を

私にとって豆乳は、あって当たり前のもの

日本の台所に牛乳があるように、中国の台所には必ず豆乳があります。牛乳もたくさん飲みますが、豆乳もよく飲みます。動物性と植物性、二つのタンパク質をしっかりとるという概念が、日本の人より強く根づいているせいかも知れません。また、中国は多民族だから、宗教上の理由で動物性タンパク質を避け、その分豆乳を意識してとっている人もいると思います。

中国の朝は豆乳で始まります。家で飲むのはもちろん、食堂で注文することもあれば、市場の屋台でできたてのものを買うこともできます。中国の人たちにとって豆乳は、一年を通じて朝食の定番ドリンクです。一般的には温かくして飲むことが多く、はちみつや黒糖を入れてみたり、塩をちょっと入れて豆乳の味を引き立てたり。その日の気分や好みで選びます。油条《ヨウティヤオ》という揚げパンを添え、油条を豆乳に浸しながらいただくこともあります。浸すために使った豆乳ももちろんしっかり飲み干します。

豆乳は、私が物心ついたときから毎日飲んできた飲みものなのです。

朝は、マグカップに温かい豆乳をたっぷりと

豆乳と油条は、感覚的にはカフェオレとクロワッサン、みそ汁とご飯と同じようなもの。私も日本で暮らしてきて、朝食がカフェオレとパンとフルーツの日もあれば、みそ汁とご飯、焼き魚の日もあります。でも、私にとって豆乳はあまりにも普通の存在なので、豆乳を飲むことが断然多いですね。

豆乳にはパンを合わせます。そのほうがご飯よりも相性がいいみたい。特に、バゲットと豆乳で作るフレンチトースト（20ページ参照）が好きです。作り方は簡単。ボウルやバットに卵を割り入れて溶きほぐし、そこに豆乳を混ぜます。バゲットを厚めに切って放り込み、ときどき上下を返しながら、バゲットに卵液がしみ込むまでおきます。一晩つけておくとバゲットがやわらかくなって、なおいい感じになるので、夕飯の片づけが済んだら夜のうちに仕込んでおきます。朝はこれを冷蔵庫から取り出してオリーブ油でカリッと焼くだけ。メープルシロップやはちみつをかけていただきます。豆乳は鍋で温めて、大きなマグカップにたっぷりと！

じんわりと
からだ目覚める
朝1杯の豆乳を

豆乳は、〝だしいらず〟のおいしいスープ

豆乳はそのまま飲めばドリンクになり、野菜を入れればそれだけでおいしいスープになります。たとえば、鍋で豆乳を温めて、豆苗を入れてサッと煮て、塩をパラリ。このスープ、ちょっと飲んでみてください。豆乳の穏やかなコクと豆苗の味と香りが合わさって、少しコーンスープのようなニュアンスが出て、すごくおいしいんです。これだけでドリンクとはまったく違う料理になることに驚きますよ。

きのこ、かぼちゃ、カリフラワー、かぶ……と、入れる野菜を変えるだけで、違う味のスープになるから不思議。野菜から出るうまみと豆乳だけでほぼ完成で、あとは塩など、好みの調味料をちょこちょこっと入れれば、もうそれで味が調います。

豆乳さえあれば、だしいらずのスープがいとも簡単に作れるのです。〝豆乳はだしそのもの、おいしさそのものの存在〟と言ってもいいかもしれません。大豆のだし汁ですね。

ドリンク、スープ、おかずの三段活用

温めたらすぐ飲める→何か入れたらスープになる→もっと何か入れたらおかずになる。そう考えたら、今よりもっと自由に豆乳が使いやすくなります。

・温めたらすぐ飲める……私は温めただけの豆乳が好きですが、はちみつやメープルシロップを加えてほんのり甘くするのもおすすめ。今ではポピュラーになったソイラテのほか、黒糖を入れれば黒糖豆乳オレ、抹茶を入れれば抹茶豆乳オレ、ココアパウダーを入れたら豆乳ココア……と、朝食だけでなく、おやつの時間も楽しめます。

・何か入れたらスープになる……動物性タンパク質はあまり入れず、季節の野菜を使ってやさしい味に仕上げるのが私流。味つけは最小限でＯＫ。さらに言うと、味つけなしでもＯＫです。

・もっと何か入れたらおかずになる……野菜のほかに肉や魚、大豆製品を入れて。豆乳湯豆腐や豚しゃぶ、煮ものやシチューなどが得意技。豆乳は〝だしのいらない液体〟と考えたら、使い道はぐっと広がります。

じんわりと
からだ目覚める
朝1杯の豆乳を

無調整・調製はお好みで

豆乳は大豆を搾った液体のことですが、一般に売られている豆乳には「無調整豆乳」と「調製豆乳」があります。

無調整豆乳は、原料に大豆以外のものを使用せず、豆腐を作る工程において、おからを取り除いた液体。大豆の風味がダイレクトに感じられ、ほんの少し苦味を感じるけれど、大豆そのものの味が楽しめます。

一方、調製豆乳は、無調整豆乳に植物油脂や砂糖類、塩などの調味料を加えて、飲みやすくしたもの。ほんのりとした甘みがあり、子どもや大豆独特の風味が苦手な人にもおすすめです。

どちらとも料理にもお菓子にも幅広く使えるので、好みで選んでOK。手作りの豆腐や湯葉を作りたいときは無調整豆乳に限りますが、加熱すると分離しやすいので、長い時間火にかける料理には調製豆乳を使うのがおすすめです。メーカーやお豆腐屋さんによって味わいや風味、濃度に違いがあるので、飲んでみて好みのものを見つけたり、違いを楽しむのもいいですね。

無調整豆乳
調製豆乳

豆乳でHOTドリンク

中国では豆乳は温めていただくのが基本。
黒糖、しょうがなどからだを温める素材をプラスしたり、
近年では抹茶味、ピーナッツバター味にするのも人気です。

豆乳ココア

材料・2人分
豆乳…2カップ
きび砂糖…大さじ2～3
ココアパウダー…大さじ3

1 鍋にココアパウダーときび砂糖を入れ、豆乳を少しずつ加えてのばす。
2 [1]を火にかけ、ひと煮立ちさせる。

黒糖豆乳オレ

材料・2人分
豆乳…2カップ
黒糖…大さじ4

1 鍋に豆乳を入れて火にかけ、黒糖を加えて溶かし、ひと煮立ちさせる。

きな粉豆乳オレ

材料・2人分
豆乳…2カップ
きな粉…大さじ3
きび砂糖…大さじ2

1 鍋に豆乳を入れて火にかけ、きな粉ときび砂糖を加えて溶かし、ひと煮立ちさせる。

抹茶豆乳オレ

材料・2人分
豆乳…2カップ
抹茶…大さじ3
きび砂糖…大さじ2

1 鍋に豆乳を入れて火にかけ、抹茶ときび砂糖を加えて溶かし、ひと煮立ちさせる。

豆乳ココア

黒糖豆乳オレ

きな粉豆乳オレ

抹茶豆乳オレ

じんわりと
からだ目覚める
朝1杯の豆乳を

豆乳フレンチトースト

牛乳の代わりに豆乳を使うと、後味あっさり。
豆乳＋卵液に一晩つけてから焼くのが
おいしさのポイントです。
オリーブ油で焼くとカリッとして、バターとはまた違った味わい。
朝ごはんにもおやつにもおすすめです。

材料・2人分
バゲット…　2cm厚さのもの4切れ
卵…1個
豆乳…1カップ
オリーブ油…大さじ1
メープルシロップ…適量

1　ボウルに卵を割りほぐし、豆乳を加えて混ぜ合わせる。
2　バットにバゲットを入れ、[1]をかけ、ときどき上下を返し、一晩つけてなじませる。
3　フライパンにオリーブ油を熱して[2]を並べ入れ、両面きつね色に焼き上げる。
4　器に盛り、メープルシロップをかける。

バゲットは、豆乳と卵を混ぜ合わせた液を十分にしみ込ませる。

オリーブ油を熱したフライパンで焼く。オリーブ油は香りのよい上質のものがおすすめ。

じんわりと
からだ目覚める
朝1杯の豆乳を

からだ喜ぶ栄養スープ

きのこたっぷりスープ

きのこは加熱すると
カサが減るので、
多いかなと思うくらい
たっぷりと入れるのがおすすめ。
味つけはシンプルに塩とこしょうのみ。
おいしさが際立ちます。

材料・2人分
えのきだけ…100g
しめじ…100g
豆乳…2½カップ
塩…小さじ⅓
粗びき黒こしょう…少々
ごま油…小さじ1

1 えのきだけは石づきを落として半分の長さに切る。しめじは石づきを落としてざっとほぐす。

2 鍋に[1]と豆乳を入れて火にかけ、ときどき混ぜながら煮立てる。煮立ったら弱火にしてふたをずらしてのせ、吹きこぼれないように10分ほど煮る。

3 塩、こしょう、ごま油で味を調える。

きのこは1種類より数種類入れたほうが、味が複雑になっておいしい。

きのこはたっぷり。弱火で煮て火を通すと、きのこのうまみが豆乳に溶け出す。

塩、こしょうで軽く味をつけたら、仕上げにごま油を加えて香りとコクをプラス。

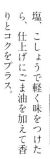

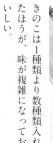

豆乳コーンスープ

クリームコーンと豆乳を
混ぜて、温めるだけ。
これで、おいしくってからだにうれしい
スープのできあがり。
すぐに作れるから、
忙しい朝の時間にもってこい！

材料・2人分
クリームコーン（缶詰）…1½カップ分
豆乳…2カップ
塩…小さじ⅓
こしょう…少々
ごま油…大さじ½

1 鍋にクリームコーンを入れ、豆乳を加えてよく混ぜる。

2 ［1］を火にかけ、混ぜながら煮立て、火を弱めて2～3分煮る。塩、こしょう、ごま油で味を調える。

鍋にクリームコーンを入れ、豆乳を加えて混ぜる。豆乳とクリームコーンは4対3の割合。

仕上げにごま油を加えて香りをプラスする。ごま油の代わりにオリーブ油を使っても。

豆乳とろろスープ

豆乳に長いものすりおろしを加えた、
とてもシンプルな塩味スープ。
やさしい口当たりで
ほっとなごむおいしさ。
仕上げにオリーブ油を加えて
香りをプラスします。

材料・2人分
長いも…300g
豆乳…2カップ
塩…小さじ$\frac{1}{3}$
オリーブ油…大さじ1

1 長いもは皮をむき、すりおろす。
2 鍋に豆乳を入れて火にかけ、煮立ったら火を弱め、[1]を流し入れてサッと混ぜる。
3 塩で味を調え、オリーブ油を加えてひと混ぜする。

長いもは皮をむいてすりおろす。おろし金やすり鉢を使ってもよい。

温めた豆乳に長いものすりおろしを加え、全体に混ぜる。

仕上げにオリーブ油を入れる。オリーブ油は、香りのよいエクストラバージンがおすすめ。

ふわふわ卵の豆乳スープ

完全食品と言われる卵と
ミネラルたっぷりの
岩のりを組み合わせた、
わが家の定番スープのひとつです。

材料・2人分
卵…2個
豆乳…2カップ
塩…小さじ¼
岩のり…適量
ごま油…大さじ½

1 卵は割りほぐす。
2 鍋に豆乳を入れて火にかけ、混ぜながら煮立て、弱火にしてふたをずらしてのせ、吹きこぼれないように5分ほど煮る。
3 塩で調味し、[1]を流し入れて火を通し、岩のりを加えてごま油で香りをつける。

豆苗の豆乳スープ

中国では栄養価の高い野菜として
ポピュラーな豆苗を使った、クイックスープ。
上新粉でやさしいとろみをつけるのが特徴。
豆苗は煮すぎず、余熱で
火を通すくらいが色も香りも生きます。

材料・2人分
豆苗…1袋
上新粉…大さじ2
豆乳…2½カップ
塩…小さじ¼
ごま油…小さじ1

1 豆苗は根を切り落とす。

2 鍋に上新粉を入れ、豆乳を加えて溶きのばす。

3 [2]を火にかけ、混ぜながら煮立て、弱火にしてふたをずらしてのせ、吹きこぼれないように5分ほど煮る。塩、ごま油で味を調える。

4 [3]に[1]を加えてサッと煮る。

豆乳おからスープ

豆乳とおから、
からだにうれしい大豆製品を
ダブル使いしたアイデアメニュー。
玉ねぎで野菜の甘みを加え、
花椒粉でピリッと清涼感のある
香りをつけるのが、おいしさのコツです。

材料・2人分
おから…50g
玉ねぎ…½個
太白ごま油…大さじ1
花椒粉《ホワジャオフェン》…小さじ⅓
豆乳…2½カップ
塩…小さじ⅓
★花椒粉—完熟の中国山椒の実を粒のまま乾燥させたものが花椒。その花椒をから炒りしてすりつぶしたもの。

1 玉ねぎは薄切りにする。
2 鍋に太白ごま油と花椒粉を入れて火にかけ、香りが立ったらおからを入れてよく炒める。
3 豆乳を注ぎ入れ、煮立ったら弱火にしてふたをずらしてのせ、吹きこぼれないように5～6分煮、塩で味を調える。
4 [1]を加えてサッと煮る。

太白ごま油と花椒粉を炒め、香りが立ったらおからを加える。

おからを加えてよく炒め、余分な水分を飛ばす。

豆乳を加えて煮る。味つけは塩だけ。花椒粉を使っているので、こしょうはいらない。

エンダイブの豆乳スープ

シャキッとした食感と
ほのかな苦みが特徴のエンダイブを
仕上げに加えた、
さわやかで個性的なスープです。

材料・2人分
エンダイブ…1束
ベーコン…2枚
太白ごま油…大さじ½
豆乳…3カップ
塩…小さじ½
こしょう…少々

1 エンダイブは食べやすい大きさにさく。ベーコンは3㎜幅に切る。
2 鍋に太白ごま油とベーコンを入れて火にかけ、ベーコンから脂が出てきたら、豆乳を加えて混ぜながら煮立て、吹きこぼれないようにふたをずらしてのせ、弱火にして5分ほど煮る。塩、こしょうで味を調える。
3 [2]にエンダイブの半量を入れて火を止める。
4 器に注ぎ入れ、残りのエンダイブをのせる。

アボカドの豆乳スープ

栄養価の高いアボカドの、ヘルシースープ。
自家製ねぎ油でおいしさ倍増！
おかわりしたくなる味です。

材料・2人分
アボカド…1個
豆乳…2カップ
塩…小さじ¼
ねぎ油
　長ねぎ…½本
　太白ごま油…¼カップ

1　ねぎ油を作る。長ねぎは斜め薄切りにし、太白ごま油とともにフライパンに入れて火にかけ、きつね色になるまでじっくりと火を通す。焦げる前に火からおろし、耐熱ボウルなどに移して粗熱をとる。

2　アボカドは皮と種を除いてひと口大に切る。

3　鍋に豆乳を入れて火にかけ、煮立ったら弱火にしてふたをずらしてのせ、吹きこぼれないように5分ほど煮、[2]を加えてさらに2〜3分煮て塩で味を調える。

4　器に盛り、ねぎ油をのせる。

さつまいものみそ豆乳スープ

みその風味とコクが加わった、
こっくりとした味わいのスープ。
みそ汁に使っている、
いつものみそで作ります。
油でみそを炒め、
それから豆乳を加えるのがコツです。

材料・2人分
さつまいも…200g
太白ごま油…大さじ1
みそ…大さじ1½
豆乳…2カップ

1 さつまいもは皮つきのまま薄切りにし、水にさらす。
2 鍋に太白ごま油とみそを入れて火にかけ、香りが出るまで炒め、豆乳を加えて混ぜ合わせる。
3 みそが溶けたら水けをきった[1]を加え、煮立ったら弱火にしてふたをずらしてのせ、吹きこぼれないように10分ほど煮てさつまいもに火を通す。

まずはみそを太白ごま油で炒める。炒めることによって、みその風味が引き出される。

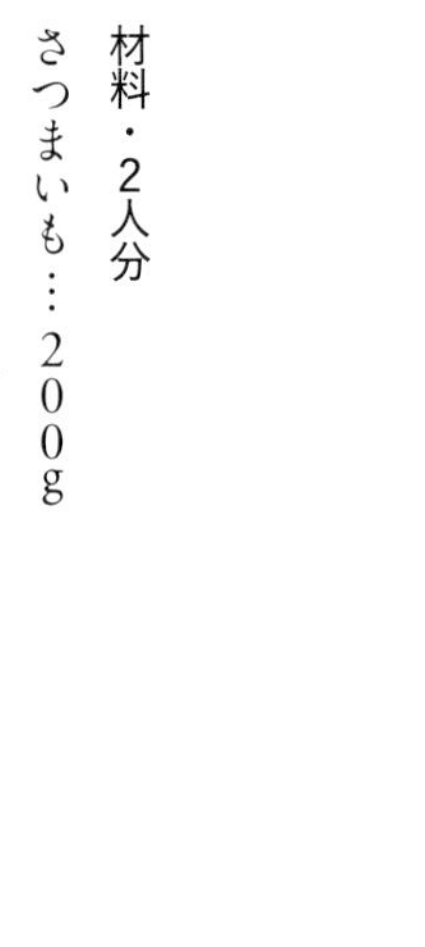
豆乳を加え、みそを豆乳でのばすようにしながら混ぜ合わせる。

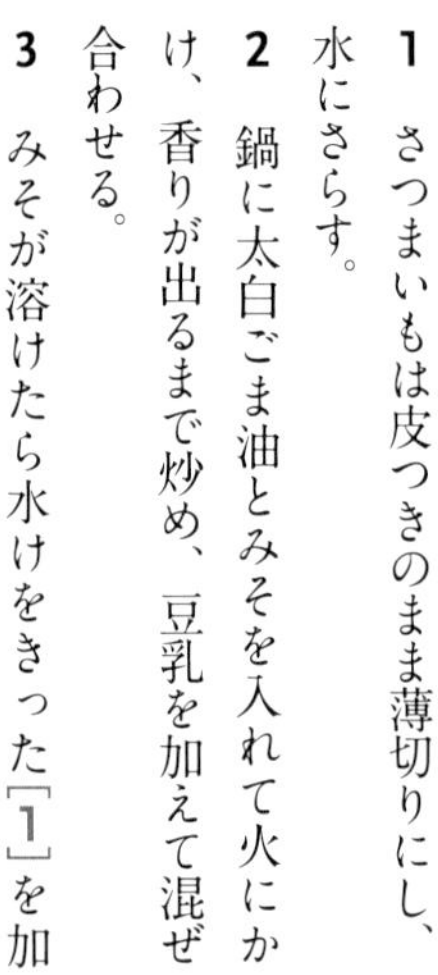
さつまいもを加えて煮る。早く火を通したいので、さつまいもは薄切りに。

カリフラワーと干しえびの豆乳スープ

カリッと香ばしい干しえびと、
干しえびの香りが移った油がアクセント。
干しえびがなければ
桜えびを使ってもよいでしょう。

材料・2人分
カリフラワー…½個
豆乳…2½カップ
塩…小さじ¼
水溶き片栗粉
—片栗粉…大さじ½
—水…大さじ2
カリカリ干しえび
—干しえび…20g
—太白ごま油…大さじ1

1 カリフラワーは4等分のくし形に切る。
2 鍋に[1]と豆乳を入れて火にかけ、煮立ったら弱火にしてふたをずらしてのせ、吹きこぼれないように10分ほど煮る。
3 カリカリ干しえびを作る。干しえびはざっくりと切り、太白ごま油とともにフライパンに入れて火にかけ、カリッとするまで炒める。
4 [2]のカリフラワーに火が通ったら、塩で味を調え、水溶き片栗粉でとろみをつける。
5 器に注ぎ入れ、[3]のカリカリ干しえびを油ごとかける。

吹きこぼれを防ぐために、少しずらしてふたをのせ、カリフラワーを煮る。

干しえびはカリッとするまで炒める。炒め油も干しえびの香りが移って香ばしくなる。

水溶き片栗粉でゆるいとろみをつけ、口当たりをやさしくする。

かぼちゃの豆乳ポタージュ

豆乳で煮たかぼちゃを
ミキサーにかければ
口当たりなめらかなポタージュのできあがり。
中国のスパイス・五香粉で風味をつけるのが
ウー・ウェン流です。

材料・2人分
かぼちゃ…200g（正味）
豆乳…2½カップ
鶏ガラスープの素…小さじ1
五香粉《ウーシャンフェン》…小さじ⅓
塩…ひとつまみ
★五香粉—ういきょう、桂皮、花椒《ホワジャオ》、陳皮《チンピ》（みかんの皮を乾燥させたもの）、丁字（クローブ）などの粉末を混ぜ合わせたもの。

1 かぼちゃは種とワタを取り除き、皮をむき、ひと口大に切る。
2 鍋に[1]、豆乳、鶏ガラスープの素を入れて火にかけ、煮立ったら弱火にしてふたをずらしてのせ、吹きこぼれないように7〜8分煮る。五香粉と塩で味を調える。
3 [2]の粗熱がとれたらミキサーに移し、なめらかになるまで撹拌する。

種とワタ、皮を除いたかぼちゃは、ひと口大に切る。あとでミキサーにかけるので適当でよい。

かぼちゃを豆乳で煮て、五香粉と塩で味を調える。五香粉は少量でも香りが出るので、小さじ⅓程度で。

ミキサーに移して撹拌する。なめらかになったらできあがり。再び鍋に戻して温めても。

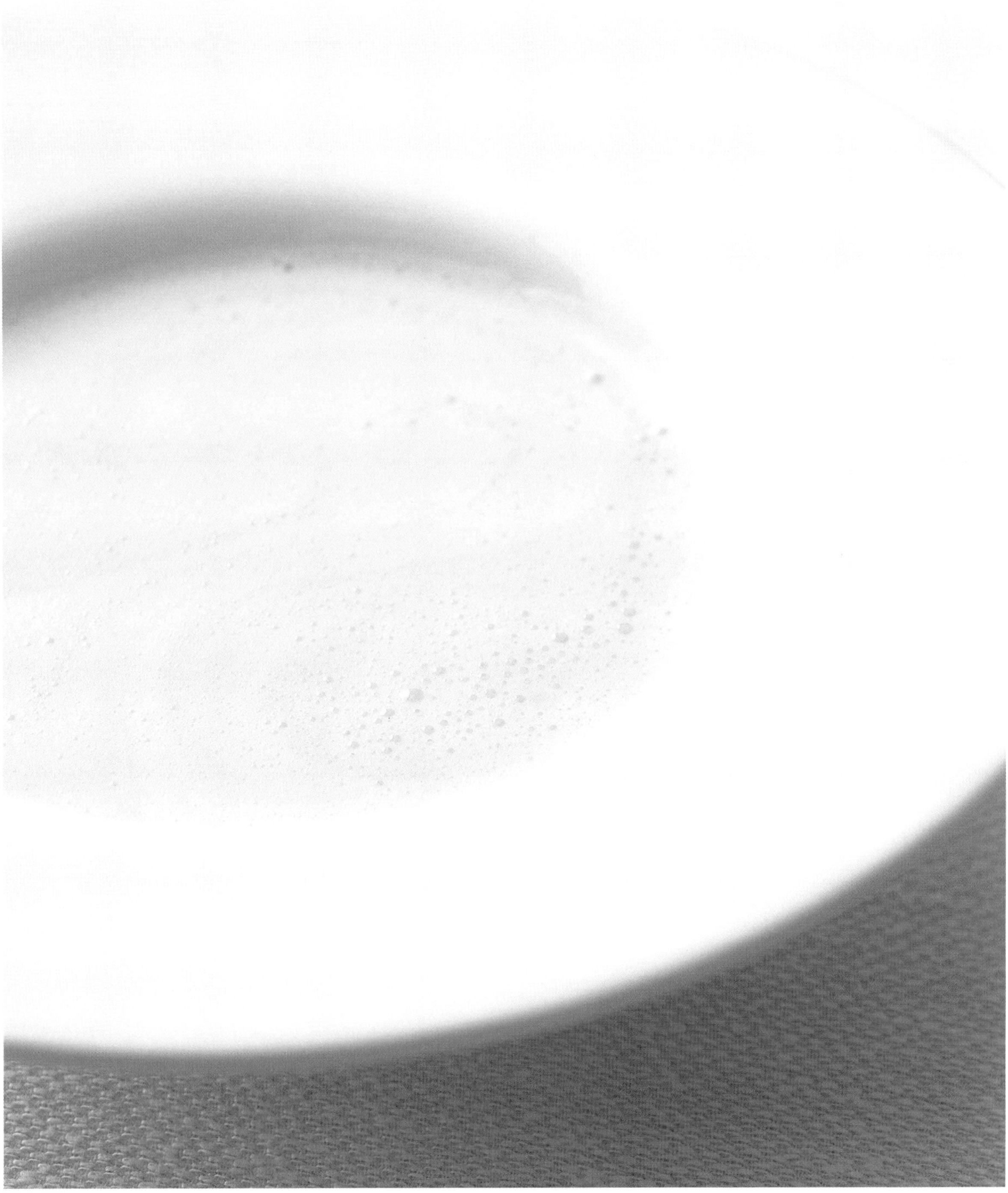

丸ごとじゃがいもの豆乳スープ

豆乳でコトコト煮たじゃがいもは、ホクホク！
シンプルに塩だけで味つけすると、
おいしさが際立ちます。
黒こしょうの香りを効かせるのもポイント。

材料・2人分
じゃがいも…2〜3個
水…1カップ
豆乳…2カップ
塩…小さじ½
黒粒こしょう…20粒

1 じゃがいもは皮をむき、水にさらす。
2 鍋に水けをきった[1]と分量の水を入れて火にかけ、煮立ったら弱火にしてふたをずらしてのせ、吹きこぼれないように10分ほど煮る。
3 [2]に豆乳を加えて混ぜながら煮立て、弱火にしてふたをずらしてのせ、さらに15分ほど煮る。塩で味を調える。
4 器に注ぎ入れ、黒粒こしょうを粗くつぶしてのせる。

じゃがいもは丸ごと鍋に入れ、水から煮はじめる。

じゃがいもに6〜7割火が通ったら豆乳を加え、さらに煮る。コトコト煮ていくのが、おいしさの秘訣。

朝起きたら、白湯《さゆ》から

朝起きたらまずはキッチンに行ってお湯を沸かし、白湯を飲むのが日課です。冬はアツアツにして、耐熱グラスに注いでフーフーしながら飲みます。暑い夏はさすがに熱湯は飲めないから、ちょっとぬるめ。でも体温より冷たいものは飲まないようにしているので、冷水はなし。大きめのコップに2杯、500㎖くらいをゆっくりと飲み干します。

そのあとシャワーを浴びて、朝ごはんの準備。その間に水分が全身をめぐっていき、からだの中がすっきり、きれいになる感じがします。内臓も朝シャンしたいですよね。そんな感覚。晩ごはんを消化したあと、次の食べものを入れる前に水分を入れると、からだの中はきれいになるし、内臓が刺激されて、循環がよくなる気がします。

朝はなにかと忙しいですよね。でも、朝は一日のスタートなんですから、よい朝を迎える努力も必要です。その努力によって毎日の習慣になり、習慣になれば何も苦にはなりません。

朝のスープがからだを整えます

では、白湯のあとに何を選んで食べるのか。必ず食べるのは果物、それからタンパク質です。タンパク質は豆乳や豆乳スープなど植物性タンパク質をとることが多く、動物性タンパク質をプラスするならヨーグルト程度。

また、欠かせないのが野菜の入ったスープ。胃袋にスーッと入っていくスープはからだに負担をかけることなく全身にしみわたり、からだのスイッチをＯＮにし、一日をスムーズに活動できるように整えてくれます。特に冬はからだを温めてしっかりと動きだすための大事なアイテム。朝にパパッと作ることもあれば、晩ごはんを作りながら、残った野菜をポンポンと鍋に入れて作り置いておくこともしばしば。基本は野菜と水と塩だけです。そもそも人間にとって基本的に必要なものは水分、油分、塩分ですが、その水分の中に野菜を入れることによってビタミンやミネラルが加わり、塩で味つけすることによって人間に必要な塩分がとれる。スープってすごく賢いですよね。

献立に悩む必要なし。とにかく朝は温かい水分をたくさん飲んでください。

水分の多いおかゆも朝食の定番

中国でのうちの朝ごはんは基本的に豆乳とおかゆ。おかゆは白米ばかりでなく、玄米や黒米、赤米、粟やひえ、押し麦など、毎日違います。いろいろな穀物を朝からとるのは、栄養があるからです。おかゆって炊くのが面倒ですか。いいえ、そんなことはありません。ご飯を炊くのと同じ。土鍋でご飯を炊くとだいたい20分ですよね、おかゆもそんなものです。

おかゆの概念は日本とはちょっと違っていて、おかゆは「食べる」と言わないで「飲む」と言うんです。お米ひとつかみに水は3倍で炊くのだから、確かに汁ものという感じ。

豆乳を使ったおかゆもあります。この本でも紹介している「オートミール豆乳がゆ（103ページ参照）」は、えっ、オートミール？　と思うかもしれませんが、オートミールは牛乳より豆乳と組み合わせたほうが100倍もおいしいですよ。なぜかというと、植物同士だから相性がよく、お互いの親和性がいいので、すごく食べやすいんです。味つけは塩だけで十分です。

長く食されてきた豆乳の効用

そもそも豆腐が作られたのは約二千年前の中国とされ、豆乳はそれ以前からあったと言われています。豆腐が中国から日本に伝わったのは奈良時代、豆乳の原型と言われる豆腐ようが食膳に出たのが鎌倉時代とされています。太古から飲まれ続けてきた豆乳の魅力ってなんでしょう。その独特の味わいや香りはもちろんのこと、からだの調子を整えるのに最適だったから……と私は思います。かつては栄養成分分析などはなかったでしょうから、からだの喜ぶ声が聞こえたことで、ずっと飲まれ続けてきたのでしょう。

現代の栄養学でも豆乳の効用はいっぱい。豆乳は低カロリーで高タンパクなため、生活習慣病予防、大豆イソフラボンはがん予防や骨粗しょう症予防、レシチンやサポニンは脳の老化防止や美肌作り、オリゴ糖は腸内環境を整えるので便秘解消が期待できます。また、ビタミンB_1・B_2・B_6、ビタミンEなどお肌にいいビタミン類も豊富。豆乳はからだにいいことづくめ。一日の摂取量に制限はないようなので、すすんでとりたい食品のひとつです。

豆乳使いのポイント

豆乳は焦げやすいので、煮立つまでは弱火でゆっくりとかき混ぜながら温めます。いきなり強火にかけるとタンパク質がかたまりやすくなり、焦げの元になってしまいます。ゆっくりと火を通していくとおいしくなります。煮立ってからも火加減に気を使ってください。

また、濃い豆乳はすぐに膜が張ってしまったり、濃度が高くて水分としてあつかいにくかったりする場合は、水で薄めて使ってください。豆乳の香りをあまり出したくないときもこの方法がおすすめです。豆乳が苦手な人にも受け入れてもらいやすくなるはずです。長い時間火にかけていると水分が蒸発するので、それも考慮に入れて調整しましょう。

また、余分な味つけをしないこともポイント。豆乳の甘みを引き出したいときは、何度も言いますが、塩が一番。おいしい塩は豆乳の持ち味を際立たせ、うまみを引き出してくれます。からだによいだけでは飽きてしまいます。おいしく作ってこその豆乳料理です。

私の料理は素材が主役

私の料理はとってもシンプル。ひとつの料理に多くの材料を使わないし、調味料も基本的なものを最小限使うだけで、あまり変わったものは用いません。要は、素材が主役。調味料を主役にしないほうが飽きがこないし、素材のおいしさをそのまま味わうことができ、素材の強さも感じられるから。

日本のおいしいだしも、その香りとうまみを楽しみたいから濃い味にはしないですよね。さらに旬の素材は味や栄養が最大ですから、少しの味つけで素材のよさを最大限に生かせるんです。

豆乳も然り。素材のひとつとして存在するので、豆乳のおいしさが活かされるように最小限に味つけをします。豆乳料理は究極の簡単料理です。

それでもやっぱり苦手という人は、桜えびや干しえびなどの乾物をほんの少し入れたり、昆布や削り節のだしでのばしたりしてみてください。日本のだしは海のものでとることが多いから、ぐっとなじみやすくなるのではと思います。

一日3食のバランスが大事

私もそうですが、中国人はおやつを食べるという習慣があまりないので、3食をきちんと食べます。幼稚園や保育園でさえも、おいも1かけら程度しかおやつが出ません。食べたら晩ごはんの時間にお腹が空かないから。

朝はたっぷり食べる、昼はいいものを食べる、夜は少なめに、というのが食生活のルールです。朝は、これから一日活動するわけですから、たっぷり食べて脳のエネルギー源のブドウ糖をしっかり補給することで、脳とからだを目覚めさせることができます。

昼に食べるいいものとは、栄養的にいいものという意味で、タンパク質と野菜。豆乳スープと野菜がいいですね。食べすぎると眠くなってしまうので、量はほどほどに。そして夜はもっと少なめ。あとは眠るだけなのでからだが消費するエネルギーもぐっと減るからです。ご飯やパンなどの炭水化物も控えます。糖質はいろいろな食品に含まれているので、少量でいいですよ。睡眠中は内臓も休ませましょう。

良質の油もからだには必須

油はからだの細胞を作ったりビタミンを吸収するのに不可欠な存在。でも、どんな油でもいいというわけではありません。その油が何でできているか、原材料がわかった上で選ぶようにしてください。たとえば、ごま油はごま、オリーブ油はオリーブの実、米油は米ぬか。原料になる素材がひとつで、確かな製法で作られたものが、からだにもいいし、おいしいですね。

私が常備しているのは、ごま油とオリーブ油。ごま油は香りが強くて色が濃いめのものと、香りやクセがほとんどなく色が透明な太白ごま油。オリーブ油は香りが高い一番搾りのエキストラバージンです。

油をとったほうがからだも肌も潤う感じ。特に年をとると、からだの中から潤さないと、もう干物になりそうですよ。ヨーロッパの人はバターをたっぷり食べますが、それって乾燥しているからですよね。おいしいバターも大好きだからパンや花巻を食べるときは使いますが、調理には植物性の油が基本。農耕民族の国に生まれた私たちには、そのほうが合っていると感じます。

「五色五味」と「季節のもの」

「五色五味」は中国五行論のひとつで、五色は「白」「黒」「緑」「赤」「黄」、五味は「甘味」「辛味」「塩味」「苦味」「酸味」。簡単に言えば、この五つを組み合わせて食べていれば自然に健康が保てるという考え方です。日本の五目ご飯も、ご飯をベースにしいたけ、にんじん、絹さや……と色や味の違うものを取り合わせて栄養や味のバランスをとっていますよね。韓国のビビンバもそうですよね、それと同じです。

と言っても、1食に全部を取り入れるのは大変ですから、1日単位で考えます。1日でも大変なら1週間でもいいんです。朝と晩だけ意識して、お昼は好きなものを食べてもいい。無理をすると続きませんから。ストレスがたまらない程度に意識しましょう。

豆乳は黄色いもの。黄色いものは免疫力を高めるとされていますが、その豆乳をベースに緑の青菜を入れるのもよし、白いれんこんを入れるのもまたよし。それだけで栄養のバランスが無理なくとれていきます。

また、中国では毎日の食事で体調を整え、不調を改善する「医食同源」という考えが根づいています。これを最も手軽に実践できるのが、季節の食材を食べること。旬のものは、そのときからだが求めているものと一致していると考えるからです。

たとえば夏が旬のきゅうりやなすは水分が多く、からだの熱をほどよくとりつつ水分補給してくれます。すいかも糖分と水分補給に最高です。冬が旬の根菜や長ねぎはからだを温める作用があるから寒い時季にぴったり。しょうがや陳皮《チンピ》（みかんの皮を干したもの）は風邪予防。自然が与えてくれる旬のものをちゃんと食べていれば、それだけでからだの調子が整います。

豆乳スープも、春ならクレソンやセロリを、夏はトマトを入れてもおいしい。秋になればきのこやおいも、冬ならカリフラワーや大根やかぶ。豆乳をベースに季節ごとの野菜を入れれば、それだけで医食同源となるのです。日本のみそ汁は台所にある出盛りの野菜を刻んで入れて、ときには豆腐や油揚げを入れているでしょ。そんな感覚でいいんです。旬のものを普通に食べることが何よりの健康法です。

規則正しい生活が健康美を作ります

美容？　特に何もしていないですよ。いつもすっぴんで、ファンデーションもクリームも持っていない。肌がきれいと言っていただくことがあるけれど、それは睡眠時間と規則正しい生活のおかげかもしれません。

睡眠時間は絶対に7〜8時間はとりたいんです。ということは、起床が6時だから、夜は23時までにはベッドに入りたい。疲れたときはもっと早く寝てしまうこともあります。今は子どもたちが独立したのでお弁当こそ作らなくなりましたが、遅くても6時には起きて朝食などの準備をします。目覚まし時計なしでも6時には目が覚めて、8時には全部終わらせて、それから仕事開始。お昼ごはんは13時までには食べ終わり、夕飯は18時半には終わらせます。お腹が空いてまた何かを食べたりすると悪循環になるので、お腹が空きそうなときは急いで寝てしまうことも。そして、すっきりと朝を迎える。このサイクルが健康と美容にいいのかもしれません。生活リズムを規則正しくすることが一番です。

運動は苦手。日常の中でからだを動かします

50代になってから不調がいろいろと出てきたのでジムに入会してみたのですが、全然行かない、続かない。わざわざ走ったりするのが自分には合わない。そんな私にトレーナーさんが「お宅に行きますから」って言ってくれたのですが、それも続かない。続かないということはどういうことか？　からだを動かすのが好きではないし、得意でもないんですね。太極拳もダメ。中国の人はみんな太極拳をしているというイメージがあるようですが、みんなじゃありません。太極拳は真面目にするとすごいきつい運動で、ゆっくり呼吸が整っていいけれど、でも私はせっかちだから無理でした。

もっぱらの私の運動は毎日の掃除。きっちり掃除するとエクササイズと同じようにエネルギーも消費するし、からだのめぐりもよくなります。家の階段も積極的に使います。荷物が2個あったら一度に持っていかず、1個ずつ。わざわざもう1回取りに行く方式。日常生活の中の運動はちっとも苦にならないんですよ。毎日続けられる、私に合っている運動です。

からだを冷やさない生活、それだけ

冷えは万病の元です。だから私は、自分の体温より低い温度のものは口にしないようにしています。内臓が冷えてしまうから。内臓が冷えると体温が下がって免疫力が落ち、冷え性だけでなく、さまざまな病気になりやすくなると考えるからです。

だったら長ねぎやしょうがを食べればいいの？　いいえ、それよりも温度が肝心です。素材がもっている効能でからだを温めるという考え方もありますが、それよりも、体温より高い温度の料理を食べてからだを冷えから守ることをおすすめします。そして、からだが冷えてから食べるのではなく、普段から冷えないからだを作ることが大事です。

私が最も基本にしているのが、加熱したものを食べること。一般に秋から冬の野菜はからだを温め、春から夏にかけての野菜はからだを冷やすと言われています。また、寒い国の食べ物はからだを温め、熱い国の食べ物はからだを冷やすものが多いと言われています。

でも、冷たい食材がすべて悪いわけではありません。生では食べず、温かくして食べればそれでいいんです。豆腐は冷奴より湯豆腐や煮奴、すいかや南国フルーツを食べたら熱いお茶を飲む。これでバランスがとれます。

また、肉より魚のほうがからだにいいと思われていますが、魚は陸で生きているものではないので、陸上生活の我々にとっては宇宙人みたいなもの。だから食べ方を考えないといけないと思います。水の中で生きているものは、刺し身で食べるよりも焼いたり煮たり蒸したりしたものを。火を通すことでからだを冷えから守る料理になるんです。

年齢を重ねても、自然のままに、それを受け入れながら、それなりにできることを楽しんでいくのがいいんじゃないかな。今さらオリンピックの選手になろうなんて無理な話だし、できなかったら無理して継続する必要もないと思うんです。各人が「気持ちがいい」と思える食事をするのが一番。「気持ちがいい」は自分にしかわからない。それがわかる心とからだを作りたいですね。

豚肉、あさり、大根の豆乳煮

中国では、豚肉とあさりを組み合わせることがよくありますが、
肉と魚介のおいしさが重なった、この味わいは格別。
うまみの溶け出した豆乳スープ、
うまみを吸った大根も絶品！

材料・2人分
豚バラかたまり肉…200g
あさり（殻つき）…200g
大根…400g
太白ごま油…小さじ1
花椒《ホワジャオ》…小さじ½
酒…大さじ2
豆乳…2カップ
塩…小さじ½
万能ねぎの小口切り…4～5本分
★花椒―完熟の中国山椒の実を粒のまま乾燥させたもの。香り、辛みともに強いのが特徴。

1 豚肉は1cm厚さに切る。あさりは砂抜きし、殻をこすり合わせて洗い、水けをきる。
2 大根は皮をむき、1.5cm厚さの半月切りにする。
3 鍋に太白ごま油と花椒を入れて火にかけ、香りが立ったら豚肉を入れ、表面が白っぽくなるまで両面焼く。あさりを加えて酒をふり、大根を入れて炒め合わせる。
4 豆乳を注ぎ入れ、煮立ったら弱火にしてふたをずらしてのせ、吹きこぼれないように15分ほど煮、塩で味を調える。
5 器に盛り、万能ねぎをふる。

太白ごま油と花椒を火にかけて、花椒の香りを立たせる。油にも花椒の香りを移す。

豚肉を入れ、両面焼きつけ、うまみを封じ込める。焼いておくと、煮てもパサつかない。

ほんわか温まる
豆乳おかずと
シチュー

豆乳麻婆豆腐

豆腐はフルフルとやわらかく、
ソースはとろとろ。
豆板醤の辛さ、豆豉のコク、花椒の香りが溶け合った
豆乳ソースがおいしさの決め手。
肉なし麻婆です。

材料・2人分

絹ごし豆腐…1丁
長ねぎの小口切り…10cm分
太白ごま油…大さじ½
豆豉《トウチ》…10g
豆板醤…小さじ1
豆乳…¾カップ
ごま油…小さじ½
花椒粉《ホワジャオフェン》…小さじ⅓
水溶きくず粉
—くず粉　大さじ½
　水　大さじ½
青じそのせん切り…10枚

★豆豉—大豆を蒸したのち、塩漬けにして発酵させ、干したもの。みそとしょうゆを合わせたような味。
★花椒粉—完熟の中国山椒の実を粒のまま乾燥させたものが花椒。その花椒をから炒りしてすりつぶしたもの。

1　豆腐はひと口大に切り、ざるに入れて水けをきる。豆豉はざっと刻む。
2　炒め鍋に太白ごま油、長ねぎを入れて火にかけ、香りが立ったら豆豉、豆板醤を入れて炒め合わせ、さらに香りを立たせる。
3　豆腐を加え、続いて豆乳を注ぎ入れ、煮立ったら弱火にしてふたをずらしてのせ、吹きこぼれないように10分ほど煮る。
4　水溶きくず粉でとろみをつけ、ごま油、花椒粉で香りをつける。
5　器に盛り、青じそをのせる。

長ねぎ、豆豉、豆板醤を炒めてしっかりと香りを出すのが、おいしさのポイント。

豆腐を入れる。ひき肉を使わないので、この段階で豆腐を入れる。

豆乳を注ぎ入れ、豆腐に火が通るまで煮る。豆乳仕上げのやさしい口当たり。

ほんわか温まる
豆乳おかずと
シチュー

大きな肉団子の酒粕豆乳煮

手のひらに収まるサイズの
大きな肉団子がごろんと入った、愛嬌のあるおかず。
肉団子はやわらかで、やさしい味わい。
酒粕入りだから、からだがポカポカ温まります。

材料・2人分

大きな肉団子のたね
- 豚ひき肉…200g
- こしょう…少々
- 酒…大さじ1
- 溶き卵…½個分
- 生パン粉…30g
- 五香粉《ウーシャンフェン》…小さじ⅓
- 塩…小さじ¼
- 片栗粉…小さじ1
- ごま油…大さじ½

豆乳…2½カップ
酒粕…大さじ2
塩…小さじ⅓

★五香粉―ういきょう、桂皮、花椒《ホワジャオ》、陳皮《チンピ》（みかんの皮を乾燥させたもの）、丁字（クローブ）などの粉末を混ぜ合わせたもの。

1 大きな肉団子を作る。ボウルに豚ひき肉を入れ、こしょう、酒、溶き卵、生パン粉、五香粉、塩、片栗粉、ごま油の順に加えてその都度混ぜ合わせ、2等分し、それぞれ丸くまとめる。

2 鍋に豆乳を入れて火にかけ、煮立ったら[1]を入れ、弱火にしてふたをずらしてのせ、吹きこぼれないように10分ほど煮る。

3 酒粕を加えて溶かし、さらに5分ほど煮、塩で味を調える。

肉団子のたねを混ぜていく。五香粉を入れると中国的なニュアンスが出る。

たねを2等分し、それぞれ両手で丸く形作り、大きな肉団子を作る。

豆乳で10分ほど煮たら、酒粕を加えて溶かす。あらかじめ豆乳適量で溶いてから入れてもよい。

ほんわか温まる
豆乳おかずと
シチュー

ゆばと厚揚げの腐乳《フールー》豆乳煮

ゆば、厚揚げ、腐乳、豆乳……、
大豆づくしの健康レシピ。
ゆばは中国ゆばを使い、
シコッとした歯ごたえを楽しみます。
ごぼうをよく炒めて香りと甘みを出すのがポイント。

材料・2人分
中国ゆば(乾燥)…60g
厚揚げ…1枚
ごぼう…½本
腐乳…30g
腐乳の汁…大さじ1
太白ごま油…大さじ½
ごま油…大さじ½
豆乳…2カップ
白すりごま…大さじ1
★腐乳—豆腐を麴につけ、塩水で発酵させたもの。発酵臭と塩けがあるのが特徴。

1 中国ゆばは一晩水につけて戻し、3cm長さに切る。厚揚げはひと口大に切り、ごぼうは皮をこそげてささがきにし、水にさらして水けをきる。

2 腐乳は腐乳の汁を加えて、なめらかにのばす。

3 鍋に太白ごま油とごま油を入れて火にかけ、香りが立ったらごぼうを加え、油をなじませるようにしながら炒める。

4 ごぼうの香りが十分に出たら中国ゆばと厚揚げを入れてざっと炒め、豆乳を注ぐ。煮立ったら弱火にしてふたをずらしてのせ、吹きこぼれないように10分ほど煮、[2]を加えて味を調える。仕上げに白すりごまをふる。

中国ゆばは水で戻して使う。これは、棒状に絞って干した「腐《フー》竹《チュー》」というゆば。中華材料売り場で入手できる。

腐乳に腐乳の汁を加えてのばす。量は好みで加減してよい。

ごぼうを油でよく炒め、香りを出すと同時に、うまみを引き出す。

ほんわか温まる
豆乳おかずと
シチュー

白身魚と白菜のピリ辛豆乳煮

干しえびのうまみと豆板醤の辛さを加えてパンチのある味に仕上げた、ごはんのおかず。いつもとはちょっと違う豆乳のおいしさに出会えます。金目鯛のほか、えび、いか、貝柱を使っても。

材料・2人分
金目鯛…2切れ
白菜…1/4株
干しえび…30g
太白ごま油…大さじ1
酒…大さじ1
豆板醤…小さじ1
豆乳…2 1/2カップ
塩…少々
水溶き片栗粉
─片栗粉…小さじ1
─水…大さじ1

1 金目鯛はひと口大に切る。白菜は縦半分に切る。
2 鍋に干しえびと太白ごま油を入れて火にかけ、香りが立ったら酒をふり、豆板醤を加えて炒める。
3 豆板醤の香りが立ったら白菜を入れ、豆乳を注ぎ入れ、煮立ったら弱火にしてふたをずらしてのせ、吹きこぼれないように20分ほど煮る。
4 金目鯛を加え、さらに7〜8分煮て火を通す。塩で味を調え、水溶き片栗粉でゆるいとろみをつける。

干しえびを炒めたら酒と豆板醤を加えて、香りを立たせる。豆板醤は炒めると味に深みが出ておいしくなる。

白菜は縦に切り分け、そのままダイナミックに鍋に入れる。入らなかったら鍋のサイズに合わせてカット。

水溶き片栗粉でゆるいとろみをつけると、食べるときに白菜に豆乳がよくからまる。

ほんわか温まる
豆乳おかずと
シチュー

鶏肉の豆乳シチュー

牛乳の代わりに豆乳を用いた
ヘルシーバージョン。
オリーブ油を使った手作りのルウだから、
すっきりと上品な味わい。
おかわり間違いなしのおいしさです。

材料・2人分
鶏もも肉…1枚
玉ねぎ…1個
ブロッコリー…½個
豆乳…2½カップ
酒…大さじ2
ルウ
─オリーブ油…大さじ2
─小麦粉…大さじ1
塩…小さじ⅔
こしょう…少々

1 鶏肉はひと口大に切る。玉ねぎは横に4等分の厚さに切る。ブロッコリーは小房に分け、サッとゆでて水けをきる。
2 鍋に豆乳、酒、鶏肉、玉ねぎを入れて火にかけ、煮立ったら弱火にしてふたをずらしてのせ、吹きこぼれないように15分ほど煮る。
3 フライパンにルウの材料を入れて火にかけ、よく混ぜ合わせてなじませ、火を止める。
4 [3]を[2]に加え、ゆるいとろみが出るまで少し煮、塩とこしょうで味を調える。ブロッコリーを加えてひと煮する。

鶏肉と玉ねぎを豆乳と酒で煮る。吹きこぼれないように、弱火で。

オリーブ油と小麦粉を炒めてルウを作る。バターを使うよりあっさり。

ルウを鍋に加えて、ゆるいとろみが出るまで煮る。これで口当たりがまろやかに。

ほんわか温まる
豆乳おかずと
シチュー

シンプル豆乳茶碗蒸し

豆乳のおいしさと
口当たりのよさを楽しみたいから、
あえて具は入れず、シンプルに蒸し上げます。
湯気の立ったアツアツに、
しらすのごま油あえをのせるのがおすすめ！

材料・2人分
卵…2個
塩…小さじ½
豆乳…2カップ
しらすのごま油あえ
　しらす…大さじ2
　パセリのみじん切り…大さじ1
　ごま油…大さじ1

1　しらすのごま油あえを作る。ボウルなどにしらすとパセリを入れ、ごま油を加えて混ぜ合わせる。

2　ボウルに卵を溶きほぐし、塩で味をつけ、豆乳を加えてのばす。耐熱性の器に万能こし器などでこしながら注ぎ入れる。

3　蒸気の立った蒸し器に[2]をのせ、強火で5分蒸し、弱火にして10分蒸す。

4　蒸し器から取り出し、[1]をのせる。

しらす、パセリのみじん切り、ごま油を混ぜる。茶碗蒸しにのせるとおいしい。

溶き卵に塩を加え、豆乳を混ぜる。だしを入れる代わりに豆乳を使うのが、この料理の特徴。

はじめは強火、5分したら弱火にして蒸し上げる。火加減を2段階にするとよい。

ほんわか温まる
豆乳おかずと
シチュー

豆乳だしでほくほく鍋

豆乳湯豆腐

豆腐を豆乳で煮た、最もシンプルな鍋レシピ。
いつものポン酢じょうゆでも
おいしくいただけますが、
ここでは、中国らしい簡単だれを紹介します。

材料・2人分
絹ごし豆腐…1丁
豆乳…2½カップ
たれA
- 豆板醤…大さじ½
- ごま油…大さじ1

たれB
- 白練りごま…大さじ2
- 塩…小さじ⅓

1 たれAとたれBの材料は、それぞれ合わせる。
2 鍋に絹ごし豆腐を入れ、包丁で4〜6等分に切る。
3 豆乳を[2]の鍋に加え、弱火にかけて豆乳と豆腐を煮立つ直前まで温める。
4 各自の器によそい、たれAかBの好みのたれをかけていただく。

豆板醤とごま油を混ぜ合わせてたれを作る。塩＋ごま油でもおいしい。

絹ごし豆腐はくずれやすいので、鍋に入れてから切り分ける。

豆乳だしで
ほくほく鍋

車麩とかぶの豆乳鍋

麩は小麦粉から作られています。
中国では麩を炭水化物として扱うことが多く、
車麩を使ったこの豆乳鍋も
例外ではありません。
野菜、大豆製品と合わせれば、
これだけで大満足。
胃にやさしいヘルシーな夕食になります。

材料・2人分
車麩…60g（大5枚くらい）
かぶ…2個
かぶの葉…適量
にぎりがんも…4〜6個
豆乳…3カップ
塩…小さじ½

1 かぶは皮をむいて薄切りにする。かぶの葉は細切りにする。

2 鍋に豆乳、にぎりがんも、かぶを入れて火にかけ、煮立ったら弱火にして塩で調味。車麩を入れてふたをずらしてのせ、吹きこぼれないように20分ほど煮る。

3 各自の器によそい、かぶの葉をのせていただく。

かぶは薄切りにする。かぶの代わりに大根を使ってもよい。

車麩を乾燥した状態のまま入れる。煮ているうちに、豆乳を吸ってやわらかくなる。

豆乳だしで
ほくほく鍋

手作り餃子鍋

定番の餃子を鍋仕立てにしたボリューム鍋。
餃子の皮の原料は小麦粉なので、
中国で餃子はおかず兼ごはん。
せん切りにんじんをたっぷりのせていただけば
これ一品で栄養のバランスがとれます。

材料・2人分

餃子のたね
- 豚ひき肉…200g
- こしょう…少々
- 酒…大さじ1
- しょうがのみじん切り…1かけ分
- しょうゆ…大さじ1
- ごま油…大さじ½

餃子の皮…1袋
にんじん…1本
豆乳…3カップ
塩…小さじ½

1 餃子のたねを作る。ボウルに豚ひき肉を入れ、こしょう、酒、しょうが、しょうゆ、ごま油の順に加えてその都度混ぜ合わせる。
2 餃子の皮の縁を水でぬらし、[1]を適量ずつのせ、ひだを寄せながら包む。
3 にんじんはせん切りにする。
4 鍋に豆乳を入れて火にかけ、煮立ったら弱火にして[2]を入れてふたをずらしてのせ、吹きこぼれないように5分ほど煮る。塩で調味する。
5 各自の器によそい、[3]のにんじんをのせていただく。

餃子のたねは、豚ひき肉にこしょう、酒、しょうがのみじん切り、しょうゆ、ごま油で調味したもの。餃子の皮に適量ずつのせる。

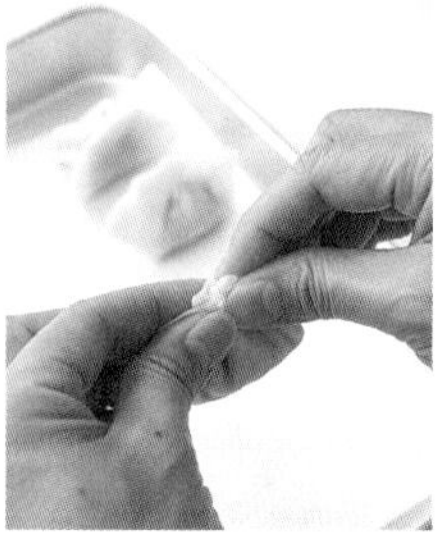

ひだを寄せながらしっかりと包む。餃子の皮は、できれば厚めのものを選ぶ。

豆乳だしで
ほくほく鍋

八角風味の高野豆腐鍋

八角の香りが食欲をそそる
シンプルな精進鍋です。
油で揚げた香ばしい高野豆腐に
豆乳がたっぷりしみて美味！
厚揚げやがんもどきで作ってもよいでしょう。

材料・2人分
高野豆腐…6〜8枚
揚げ油…適量
豆乳…2カップ
八角…1個
塩…小さじ⅔
水菜…½束

1 高野豆腐はバットに並べて水適量を加え、水を2〜3回取り替えながらやわらかく戻し、水けをしっかりと絞る。

2 揚げ油を180度に熱し、[1]を入れてカラリと揚げ、油をきる。

3 鍋に豆乳と八角を入れて火にかけ、煮立ったら弱火にしてふたをずらしてのせ、吹きこぼれないように5分ほど煮、塩で味を調える。

4 [2]の高野豆腐を入れ、水菜を5cm長さに切ってのせ、ひと煮する。

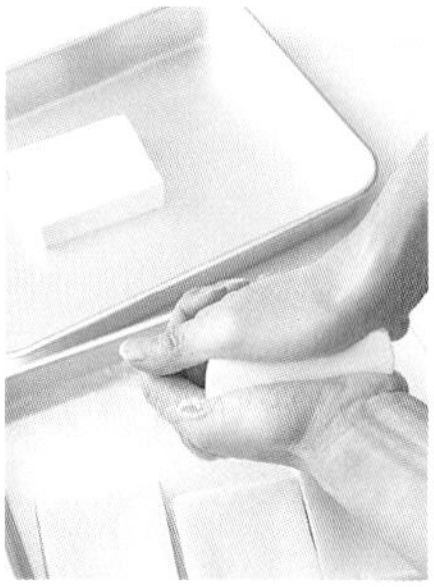

高野豆腐は両手のひらにはさんで水けをギュッと絞る。このあと揚げるのでしっかりと。

高野豆腐を揚げ油に入れ、うっすらきつね色になるまで両面揚げる。これが鍋の具。

豆乳に八角を入れて5分ほど煮、豆乳に八角の風味をつける。

豆乳だしで
ほくほく鍋

餅巾着の白みそ豆乳鍋

油揚げの中に餅を入れた餅巾着が主役。
甘みのある白みそ仕立てにし、
こっくりとした味を楽しみます。
シャキシャキのれんこんと貝割れ菜も、
絶妙の取り合わせです。

材料・2人分
餅巾着
―切り餅…2切れ
かんぴょう…20cm長さのもの4本
―油揚げ…2枚
れんこん…100g
貝割れ菜…1パック
豆乳…2½カップ
白みそ…大さじ3
ごま油…大さじ½

1 餅巾着を作る。切り餅は半分に切る。かんぴょうはサッと洗って塩少々(分量外)でもみ、3～4分ゆでて水けを絞る。油揚げを半分に切って袋状に開き、切り餅を入れてかんぴょうで縛る。

2 れんこんは皮をむき、1cm厚さの輪切りにする。貝割れ菜は根を切り落とす。

3 鍋に豆乳を入れて火にかけ、煮立ったら[1]とれんこんを入れ、弱火にしてふたをずらしてのせ、吹きこぼれないように10分ほど煮る。白みそを溶かし入れ、ごま油を加える。

4 根を切った貝割れ菜をのせる。

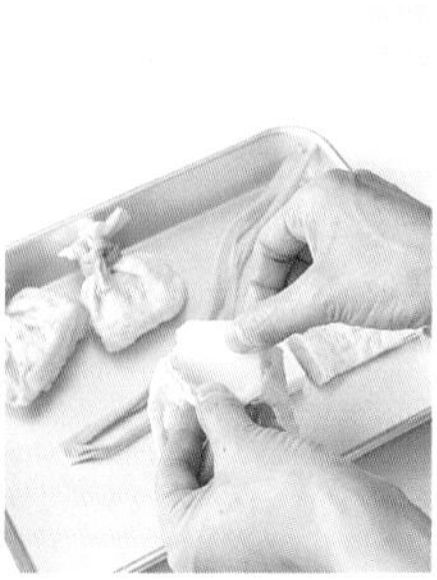

油揚げに切り餅を入れてかんぴょうで縛る。かんぴょうがなければ、楊枝でとめても。

餅巾着の餅がやわらかくなり、れんこんに火が通ったら、白みそを溶かし入れる。

仕上げにごま油を加えて香りをつける。好みで粗びき黒こしょうをふってもよい。

豆乳だしで
ほくほく鍋

豚しゃぶ豆乳鍋

豆乳でいただくしゃぶしゃぶはやさしい味わい。表面にできる湯葉も取り合いになるほどの人気です。クタッと煮えた白菜、豆豉だれといっしょにほお張ると味がキリッと引き締まって、この上ないおいしさ。粗塩だけでいただくのもおすすめです。

材料・2人分

豚しゃぶしゃぶ用肉…250g
白菜…150g
豆乳…3カップ
豆豉《トウチ》だれ
　豆豉…大さじ2
　太白ごま油…大さじ1
　酒…大さじ2
　黒酢…大さじ2
粗塩…適量

★豆豉―大豆を蒸したのち、塩漬けにして発酵させ、干したもの。みそとしょうゆを合わせたような味。

1 白菜は大きめのそぎ切りにする。

2 豆豉だれを作る。フライパンに豆豉と太白ごま油を入れて炒め、香りが立ったら酒と黒酢を加えて混ぜ合わせ、火を止めて冷ます。

3 鍋に豆乳を入れて火にかけ、煮立ったら火を弱め、豚肉と白菜を入れてサッと煮る。

4 各自の器によそい、豆豉だれまたは粗塩をかけていただく。

豆豉を炒めたら酒と黒酢を加える。豆乳とよく合う。

豆乳だしで
ほくほく鍋

ゆで卵のラー油ラーメン

豆乳を使った鶏ガラスープはやさしい味わい。
いつものキャベツとゆで卵で
豆乳ラーメンを手軽に楽しみます。
1回分のラー油の作り方も紹介します。

材料・2人分

中華生麺…2玉
卵…2個
キャベツ…200g
太白ごま油…大さじ1
スープ
―豆乳…3カップ
鶏ガラスープの素…小さじ1
塩…小さじ¼
―こしょう…少々
ラー油
―一味唐辛子…大さじ2
水…大さじ1
―ごま油…大さじ2

1 ラー油を作る。フライパンに一味唐辛子と分量の水を入れて混ぜ合わせ、ごま油を加えて弱火にかける。香りが出たら火を止める。

2 卵は固ゆでにし、殻をむいて縦半分に切る。キャベツはせん切りにし、太白ごま油でサッと炒める。

3 スープを作る。鍋に豆乳と鶏ガラスープの素を入れ火にかけ、煮立ったら火を弱めて5分ほど煮、塩、こしょうで味を調える。

4 中華生麺をゆで、ゆで汁をきって器に入れる。スープを注ぎ、[2]をのせ、ラー油をかける。

一味唐辛子、水、ごま油を、香りが出るまで混ぜながら熱し、ラー油を作る。

キャベツは歯ごたえが残る程度にサッと炒め、甘みを引き出す。

豆乳に鶏ガラスープの素を加えて温めれば、ラーメンスープになる。

忙しいときの
豆乳クイック麺

ゆで豚ともやしの豆乳しょうゆラーメン

ゆで豚を作り、そのゆで汁をベースに
スープを仕上げます。
だから、味わい本格派。
覚えておきたいレシピのひとつ。
シャキシャキもやしをたっぷりのせていただきます。

材料・2人分
中華生麺…2玉
ゆで豚（作りやすい分量）
　豚肩ロースかたまり肉…400g
　水…2カップ
　酒…1カップ
　こしょう…少々
　しょうがの薄切り…適量
　長ねぎのぶつ切り…適量
スープ
　ゆで豚のゆで汁…1カップ
　豆乳…2カップ
　しょうゆ…大さじ2
もやし…1袋
太白ごま油…大さじ1
こしょう…少々

1 ゆで豚を作る。豚肉は半分に切り、サッとゆでてざるに上げる。鍋に入れ、分量の水、酒、こしょう、しょうが、長ねぎを加えて火にかけ、煮立ったらふたをし、弱火で50分ほど煮る。火を止めてそのまま粗熱をとる。

2 スープを作る。鍋に[1]のゆで汁と豆乳を入れて火にかけ、煮立ったら火を弱めて5分ほど煮、しょうゆで味を調える。

3 もやしはひげ根をとり、太白ごま油を熱したフライパンでサッと炒め、こしょうをふる。

4 中華生麺をゆで、ゆで汁をきって器に入れる。スープを注ぎ、もやしをのせ、ゆで豚を薄切りにして2枚ずつのせる。

★残ったゆで豚はゆで汁とともに保存容器に移し、冷蔵庫で保存。2日ほどもつ。

豚肉は酒、こしょう、しょうが、長ねぎを入れてゆでる。弱火でゆっくりゆでるのがコツ。

火を止めて、このままの状態で粗熱をとる。すぐにゆで汁から出すとかたくなってしまう。

ゆで豚のゆで汁に豆乳を足して煮、しょうゆを加えてラーメンスープにする。

忙しいときの
豆乳クイック麺

蒸し鶏とザーサイの豆乳みそラーメン

やわらかジューシーな蒸し鶏をのせた、
ボリューム感のある一品。
豆乳に、みそ、こしょう、ごま油を加えることで
こっくりとした味わいのおいしいスープができます。
鶏ガラスープを使わなくても
十分満足できるのが自慢です。

材料・2人分
中華生麺…2玉
鶏もも肉…1枚
こしょう…少々
ザーサイ(味つき)…30g
スープ
―豆乳…3カップ
みそ…大さじ2
こしょう…少々
―ごま油…大さじ1

1 鶏肉は両面にこしょうをふり、蒸し器にのせ、蒸気の立った状態で20分ほど蒸す。粗熱をとってから取り出して1〜2cm幅に切る。
2 ザーサイは細切りにする。
3 スープを作る。鍋に豆乳を入れて火にかけ、煮立ったら火を弱めて5分ほど煮る。みそを溶き入れ、こしょう、ごま油で味を調える。
4 中華生麺をゆで、ゆで汁をきって器に入れる。スープを注ぎ、[1]と[2]をのせる。

鶏肉は両面にこしょうをふり、蒸し器で蒸す。蒸し器にはクッキングシートを敷いておくとよい。

蒸し上がった鶏肉はやわらか。1〜2cm幅に切り分ける。

豆乳にみそを溶き入れ、こしょうとごま油で香りをつける。これでスープの完成。

忙しいときの
豆乳クイック麺

豆乳担々麺

豆乳スープ、ひき肉炒め、
ピリ辛だれのコンビが絶妙。
ピリリと辛い中にもミルキーなおいしさがあります。
ひき肉炒め、ピリ辛だれともに多めに作って
冷蔵庫にストックしておいてもよいでしょう。

材料・2人分
中華生麺…2玉
ひき肉炒め
- 豚ひき肉…100g
- 太白ごま油…大さじ1
- 酒…大さじ1
- しょうゆ…大さじ1

ピリ辛だれ
- 一味唐辛子…大さじ2
- ごま油…大さじ2
- 花椒粉《ホワジャオフェン》…小さじ½
- しょうゆ…大さじ2

豆乳…2カップ
白すりごま…大さじ2
万能ねぎの小口切り…½束分
★花椒粉—完熟の中国山椒の実を粒のまま乾燥させたものが花椒。その花椒をから炒りしてすりつぶしたもの。

1 ひき肉炒めを作る。フライパンに太白ごま油を熱して豚ひき肉をポロポロに炒め、酒、しょうゆを加えて味をつける。

2 ピリ辛だれを作る。鍋に一味唐辛子とごま油を入れて火にかけ、香りが立ったら花椒粉としょうゆを加えて火を止める。

3 中華生麺はゆでて、ゆで汁をきって器に入れる。

4 鍋に豆乳を入れて煮立て、[3]にかけ、[1]と[2]をのせる。白すりごま、万能ねぎをふる。

豚ひき肉はポロポロに炒め、酒、しょうゆで味をつける。しっかり炒めたほうがおいしい。

一味唐辛子とごま油を熱し、花椒粉としょうゆを加えてピリ辛だれを作る。香りを立たせるのがコツ。

麺に豆乳を注ぎ、ひき肉炒めとピリ辛だれをのせる。ピリ辛だれの量は好みで加減する。

忙しいときの
豆乳クイック麺

スペアリブと香菜の豆乳うどん

コトコトと煮たスペアリブと
フレッシュな香菜を組み合わせた、
食べごたえのある麺メニュー。
豚骨スープのような味わいがあり、
太めの麺とよく合うので、
ここではうどんを使います。

材料・2人分
冷凍うどん…2玉
豚スペアリブ（ショートサイズ）…200g
水…1カップ
酒…大さじ2
豆乳…3カップ
塩…小さじ½
香菜…適量

1 スペアリブはサッとゆでてざるに上げる。鍋に入れ、分量の水、酒を加えて火にかけ、煮立ったらふたをし、弱火で30分ほどゆでる。

2 [1]に豆乳を加えてさらに5分ほど煮、塩で味を調える。

3 冷凍うどんはサッとゆで、ざるに上げて水けをきる。

4 うどんを器に盛り、[2]のスペアリブをのせてスープを注ぐ。香菜をざく切りにしてのせる。

豚スペアリブは水と酒で30分ほどゆでる。やわらかくしたいので、弱火でコトコトと。

スペアリブがやわらかくなったら、豆乳を加える。アクが出ていたら取り除く。

5分ほど煮たらスープのできあがり。アツアツをうどんにかける。

忙しいときの
豆乳クイック麺

和風豆乳かにうどん

ちょっと贅沢ですが、私の好きな汁麺のひとつ。はじめに長ねぎを炒め、かにを加えてさらに炒めてうまみを引き出してから煮るのが、おいしさのコツです。

材料・2人分
冷凍うどん…2玉
ゆでがに(足・殻つき)…1パック
長ねぎ…1本
太白ごま油…大さじ1
豆乳…2½カップ
塩…小さじ½
こしょう…少々

1 冷凍うどんはサッとゆで、ざるに上げて水けをきる。
2 かには大きければ食べやすい長さに切る。長ねぎは薄切りにする。
3 鍋に太白ごま油と長ねぎを入れて炒め、香りが立ったらかにを加えてざっと炒める。
4 [3]に豆乳を加え、煮立ったら火を弱めて5分ほど煮る。
5 うどんを加えてさらに2分ほど煮、塩とこしょうで味を調える。

つぶし豆腐の豆乳にゅうめん

しょうがと長ねぎの香りを効かせた
にゅうめんは、
からだも心も温まるのが魅力。
口当たりをやさしく仕上げたいので、
豆腐は絹ごしを。

材料・2人分
そうめん…2〜3束
絹ごし豆腐…1丁
しょうが…1かけ
長ねぎ…10cm
赤唐辛子…1本
太白ごま油…大さじ1
豆乳…2カップ
塩…小さじ½

1 そうめんはたっぷりの湯でゆで、ざるに上げて流水でよく洗い、水けをきる。
2 しょうがと長ねぎはみじん切りにする。赤唐辛子は粗くつぶす。
3 鍋に太白ごま油、[2]を入れて火にかけ、香りが立ったら豆乳を注ぎ、豆腐を手でくずしながら加える。煮立ったら火を弱めて5分ほど煮、塩で味を調える。
4 [3]に[1]を入れ、1分ほど煮る。

えびマカロニ豆乳グラタン

豆乳で作るホワイトソースは思いのほかコクと風味があってクリーミー。豆乳が苦手な人も、これなら大丈夫。ご飯にかけてドリアにしてもＯＫです。

材料・2人分
マカロニ（乾燥）…100g
むきえび…100g
豆乳ホワイトソース
—バター…大さじ2
　小麦粉…大さじ2
　豆乳…1½カップ
—塩…小さじ⅓
ピザ用チーズ…50g

1　マカロニは塩少々（分量外）を入れた湯でゆで、ざるに上げる。むきえびはゆでる。
2　フライパンにバターと小麦粉を入れて火にかけ、香りが出るまで炒め、豆乳を少しずつ加えてなめらかにのばす。塩で味を調える。
3　[2]を火からおろし、[1]を加えて混ぜ合わせ、グラタン皿に入れる。
4　ピザ用チーズをのせ、230度のオーブンで焼き色がつくまで8分ほど焼く。

バターと小麦粉をなじませたら、豆乳を少しずつ加えていき、なめらかなホワイトソースにする。

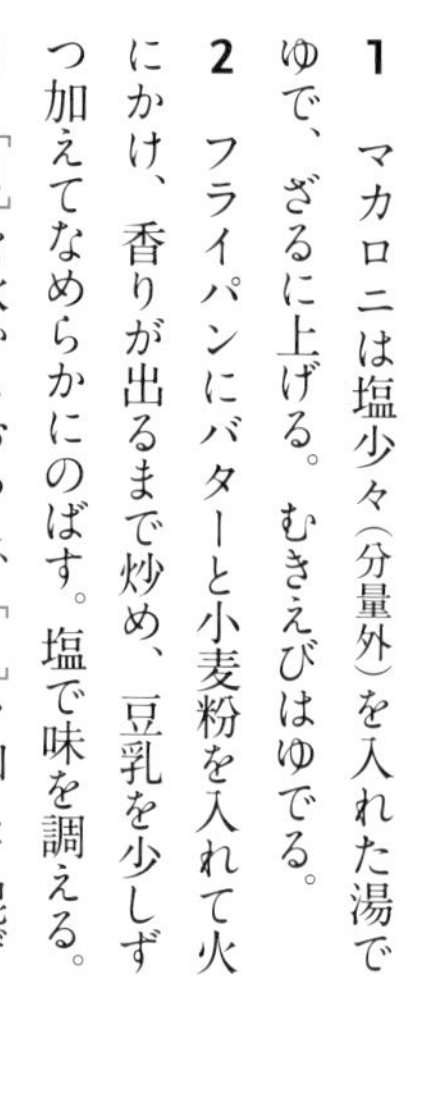
マカロニとえびを加えて混ぜ合わせる。豆乳ホワイトソースにとろみがついているので、からみやすい。

ピザ用チーズをのせる。さらにパン粉をふってもよい。

忙しいときの
豆乳クイック麺

中国の定番ごはん、おかゆあれこれ

クコの実の豆乳がゆ

干し貝柱の豆乳がゆ

ピータンとレタス入り豆乳がゆ

腐乳《フールー》入り豆乳がゆ

クコの実の豆乳がゆ

クコの実は薬膳料理に欠かせないもので、
古くから長寿の妙薬、
滋養強壮によいとされてきました。
ほのかな甘みと少しの酸味、フルーティさが特徴。
そんな果実を使ったおかゆです。

材料・2人分
米…½カップ
水…1½カップ
豆乳…2カップ
クコの実…大さじ1

1 米は洗ってざるに上げ、水けをきる。

2 鍋に[1]、分量の水を入れて火にかけ、煮立ったら弱火にしてふたをずらしてのせ、吹きこぼれないように20分煮る。

3 豆乳を加えて混ぜ合わせ、さらに20分煮、クコの実を入れて5分ほど煮る。

米を20分ほど煮たら、豆乳を加えてさらに20分煮、おかゆを煮上げる。

干し貝柱の豆乳がゆ

うまみがギュッと詰まった
貝柱の風味が鼻をくすぐる、人気のおかゆ。
塩とごま油で、
この上ないおいしさです。

材料・2人分
米…½カップ
干し貝柱…小6個
水…1½カップ
豆乳…2カップ
塩…小さじ⅓
ごま油…大さじ½

1 米は洗ってざるに上げ、水けをきる。干し貝柱は水に一晩つけて戻し、水けをきってほぐす。

2 鍋に[1]、分量の水を入れて火にかけ、煮立ったら弱火にしてふたをずらしてのせ、吹きこぼれないように20分煮る。

3 豆乳を加えて混ぜ合わせ、さらに20分ほど煮る。塩とごま油で味を調える。

干し貝柱は一晩水につけて戻す。ゆっくり戻したほうがおいしい。

ピータンとレタス入り豆乳がゆ

ピータンとシャキシャキレタスを取り合わせた、ちょっぴり個性的なおかゆ。ピータンはしょうゆとごま油であえておくとおいしさがワンランクアップします。

材料・2人分
米…½カップ
水…1½カップ
豆乳…2カップ
ピータン…1個
しょうゆ…大さじ1
ごま油…大さじ1
レタス…2枚

ピータンはしょうゆ、ごま油であえておき、おかゆに加える。おかゆ全体がまろやかな味になる。

1 米は洗ってざるに上げ、水けをきる。

2 鍋に[1]、分量の水を入れて火にかけ、煮立ったら弱火にしてふたをずらしてのせ、吹きこぼれないように20分煮る。豆乳を加えて混ぜ合わせ、さらに20分煮る。

3 ピータンは食べやすい大きさに刻み、しょうゆ、ごま油であえる。レタスは粗みじん切りにする。

4 [2]にレタスを加えてサッと煮、ピータンを入れてひと混ぜする。

腐乳《フールー》入り豆乳がゆ

腐乳の、濃厚なチーズのようなコクが加わったおかゆはちょっぴりクセがあるけれど、発酵食品ならではのおいしさがあります。中国では定番。苦手な人は、沖縄の豆腐ようで作っても。

材料・2人分
米…½カップ
水…1½カップ
豆乳…2カップ
腐乳…30g
ごま油…大さじ1

★腐乳—豆腐を麹につけ、塩水で発酵させたもの。発酵臭と塩けがあるのが特徴。

腐乳はくずしておき、おかゆが炊き上がってから加える。量は好みで加減する。

1 米は洗ってざるに上げ、水けをきる。

2 鍋に[1]、分量の水を入れて火にかけ、煮立ったら弱火にしてふたをずらしてのせ、吹きこぼれないように20分煮る。

3 豆乳を加えて混ぜ合わせ、さらに20分煮る。腐乳をくずして加え、ごま油で風味をつける。

ウーロン茶のもち米豆乳がゆ

陳皮《チンピ》入り玄米豆乳がゆ

黒米豆乳がゆ

オートミール豆乳がゆ

ウーロン茶のもち米豆乳がゆ

ウーロン茶はお茶として飲むだけでなく、料理にも使います。茶葉はビタミン豊富で、おかゆに入れると、お茶の香りとともに栄養分もしっかりととれます。

材料・2人分
もち米…½カップ
ウーロン茶葉…小さじ1
水…1½カップ
豆乳…2カップ

1 もち米は洗ってざるに上げ、水けをきる。
2 ウーロン茶葉はたたいてボウルに入れ、かぶるくらいの湯を注いで少しおいてやわらかく戻し、水けをきる。
3 鍋に分量の水、[1]を入れて火にかけ、煮立ったら弱火にしてふたをずらしてのせ、吹きこぼれないように20分煮る。
4 豆乳を加えて混ぜ合わせ、さらに20分煮、[2]を入れて10分煮る。

茶葉はたたいておくと、より香りが出て、栄養分も溶け出す。

陳皮《チンピ》入り玄米豆乳がゆ

風邪予防によく用いる陳皮を入れた、冬にもってこいのおかゆ。みかんのすがすがしい香りが、いつにも増して新鮮。ここでは、玄米を使ったレシピを紹介します。

材料・2人分
玄米…⅔カップ
陳皮…5g
水…3カップ
豆乳…2カップ
★陳皮―みかんの皮を干したもの。

1 玄米は洗ってたっぷりの水に一晩つけ、水けをきる。陳皮は細かくたたく。
2 鍋に[1]の玄米、陳皮、分量の水を入れて火にかけ、煮立ったら弱火にしてふたをずらしてのせ、吹きこぼれないように40～50分煮る。
3 豆乳を加えて混ぜ合わせ、さらに20分煮る。

玄米は、普通に炊くときと同様、おかゆにするときも一晩水につけておく。

黒米豆乳がゆ

楊貴妃が美容食として愛用していたといわれる黒米は栄養価が高く、自然の甘みがあり、独特の香りがあるのが特徴。意外に思われるかもしれませんが、いただくときにジャムや黒糖を加えてもおいしいものです。

材料・2人分
黒米…⅔カップ
水…3カップ
豆乳…2カップ

1 黒米は洗ってたっぷりの水に一晩つけ、水けをきる。
2 鍋に[1]、分量の水を入れて火にかけ、煮立ったら弱火にしてふたをずらしてのせ、吹きこぼれないように20分煮る。
3 豆乳を加えて混ぜ合わせ、さらに20分煮る。

まずは水で煮て、黒米に火を通す。このあと豆乳を加えてさらに煮る。

オートミール豆乳がゆ

鉄分、カルシウム、食物繊維などが豊富なオートミールをおかゆにするのもおすすめ。ここでは最もシンプルなものを紹介しますが、ドライフルーツやナッツを散らしてもよいでしょう。

材料・2人分
オートミール…1カップ
水…1カップ
豆乳…2カップ
塩…少々

1 鍋にオートミールと分量の水を入れて5分ほどおき、オートミールに水を吸わせる。
2 [1]に豆乳を加えて混ぜ合わせ、火にかけ、煮立ったら弱火にしてふたをずらしてのせ、吹きこぼれないように5分ほど煮る。
3 とろみが出たら火を止め、塩で味を調える。

オートミールに水を吸わせてから豆乳を加え、それから火にかけて煮る。

カロリー控えめ豆乳デザート

白きくらげのはちみつ豆乳煮

緑豆の豆乳スイーツ

豆乳杏仁豆腐

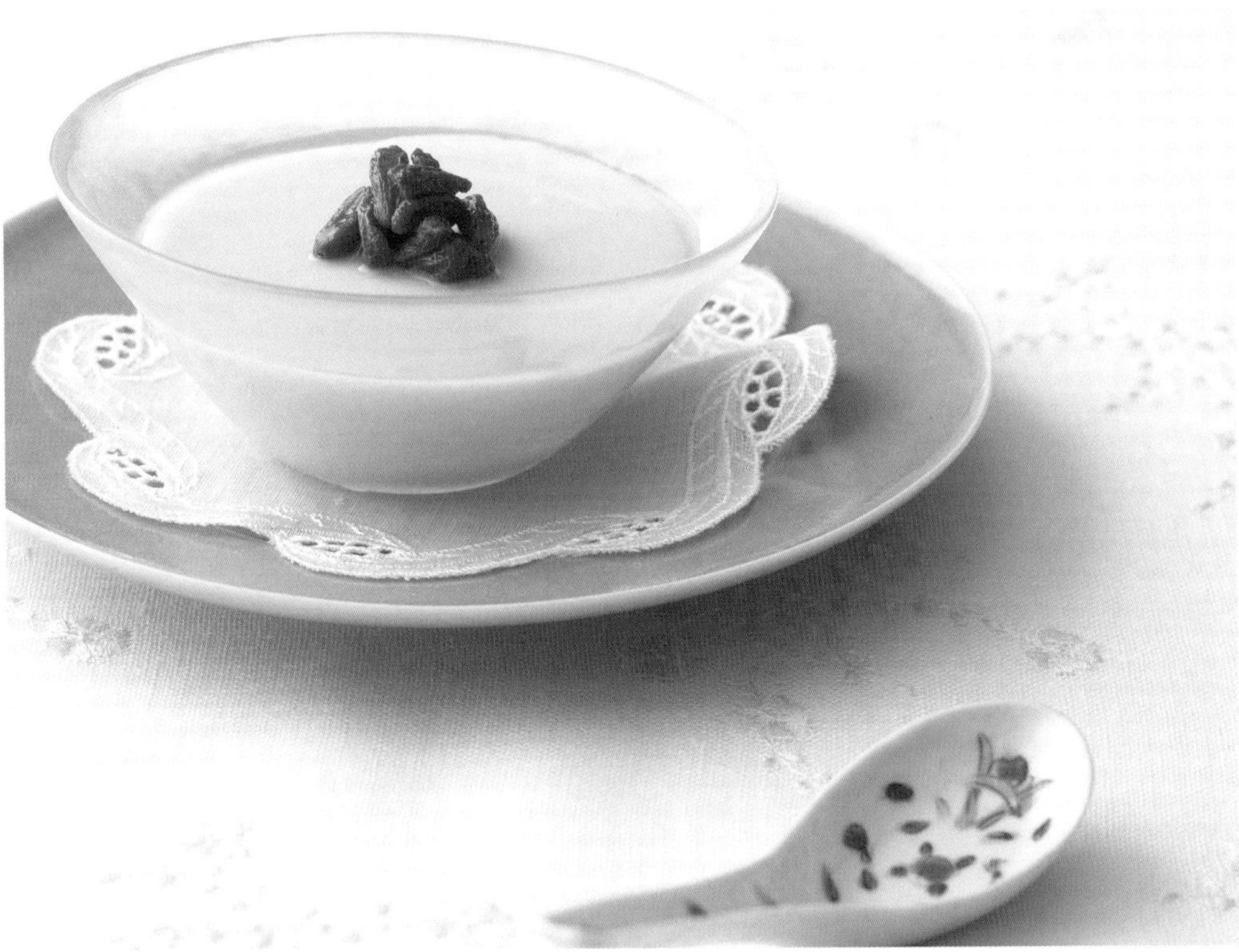

ドライフルーツの豆乳デザート

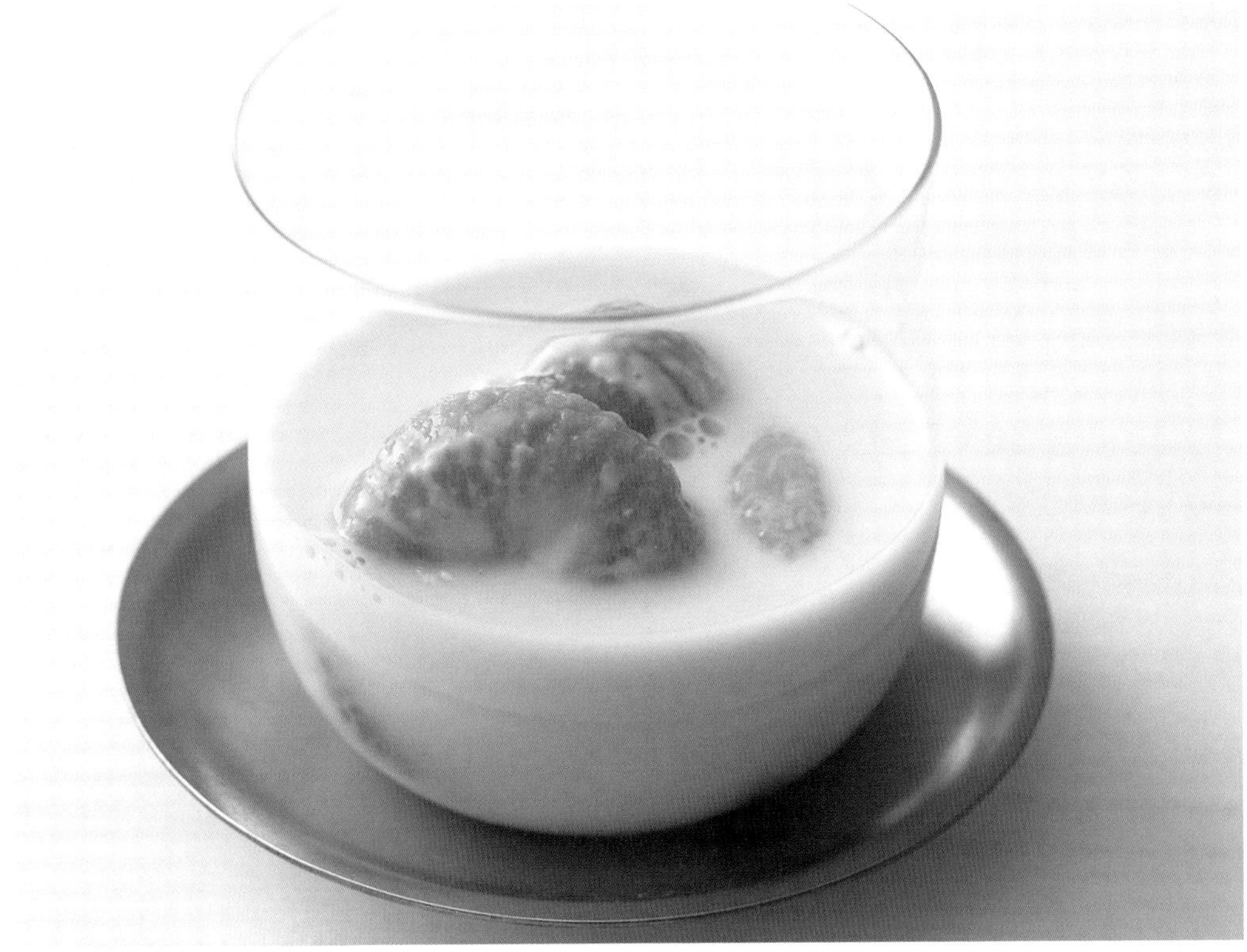

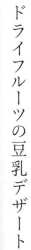

白きくらげのはちみつ豆乳煮

中国では白きくらげを甘く煮てデザートにすることがよくあります。そんな定番にちょっぴりアレンジを加えた一品。豆乳とはちみつのコンビで、ミルキーな味わいに。

材料・作りやすい分量
白きくらげ（乾燥）…15g
水…2カップ
はちみつ…大さじ3
豆乳…1カップ
シナモンパウダー…少々

1 白きくらげは水に30分ほどつけて戻し、石づきを除いて水けをきる。
2 鍋に[1]と分量の水を入れて火にかけ、煮立ったら弱火にしてふたをし、30分ほど煮て火を止める。
3 そのまま1時間おいてはちみつを加え、再び火にかけて10分煮、豆乳を混ぜる。シナモンパウダーをふる。

白きくらげは水で戻す。30分ほどかけてゆっくりと戻すのがよい。

緑豆の豆乳スイーツ

緑豆は中国や東南アジアでよく使われる豆。小さいながらも甘みがあり、スイーツによく合います。ここでは、豆乳、ココナッツと組み合わせ、アジアンテイストのおしるこを作ります。緑豆のほか、あずきでも同様にできます。

材料・作りやすい分量
緑豆…1カップ
水…3カップ
きび砂糖…60g
豆乳…2カップ
ココナッツファイン…大さじ1
★ココナッツファイン―ココナッツを細かくしたもの。製菓用売り場で入手可。

1 緑豆は洗って鍋に入れ、分量の水を加えて火にかける。煮立ったら弱火にし、ふたをして20分ほど煮る。
2 いったん火を止め、1時間ほどおく。
3 [2]を再び火にかけ、きび砂糖を加えて弱火で30分ほど煮、豆乳を加えてさらに10分ほど煮る。
4 器に盛り、ココナッツファインをのせる。

きび砂糖を加えて甘く煮たら、豆乳を入れて混ぜ、さらに弱火で煮る。

豆乳杏仁豆腐

みんなの好きな杏仁豆腐を
豆乳で作ります。
その名のとおり、豆腐のようなスイーツ。
器に流し入れて冷蔵庫で
固めるだけだから、簡単！

材料・2～3人分
杏仁パウダー…40g
水…½カップ
粉寒天…大さじ⅔～1
豆乳…1½カップ
きび砂糖…30g
クコの実…適量

1　鍋に杏仁パウダーを入れ、分量の水を少しずつ加えて溶かし、粉寒天を加えて混ぜる。
2　［1］に豆乳ときび砂糖を加えて火にかけ、混ぜながら温める。沸騰する直前で火を止める。
3　器に流し入れ、粗熱がとれたら冷蔵庫に入れて冷やし固める。いただくときにクコの実をのせる。

豆乳ときび砂糖を加えたら火にかけ、混ぜながら温める。泡立て器を使うとよい。

ドライフルーツの豆乳デザート

蒸したドライフルーツを豆乳につけた、簡単レシピ。
干しいちじくのほか、
干しあんず、ドライマンゴーで作っても。
シナモンや八角を効かせてもよいでしょう。

材料・作りやすい分量
干しいちじく…150g
豆乳…1½カップ

1　干しいちじくはクッキングシートを敷いた蒸し器に入れ、蒸気の立った状態で20分蒸す。
2　鍋に豆乳を入れて火にかけ、煮立ったら1を加えて火を止める。
3　粗熱がとれたら保存容器に移し、冷蔵庫に入れて1日おく。

保存容器に入れて冷蔵庫にストックしておくと、ちょっと甘いものが食べたいときに便利。

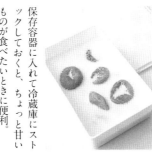

わが家の豆乳プリン

豆乳やわらかクッキー

中国式豆乳ドーナツ

豆乳マーラーカオ

わが家の豆乳プリン

私がよく作るのはフェンネル風味の豆乳プリン。
フェンネルは漢方にも用いられるハーブで、
消化を助けたり、ダイエットにもよいとされています。
独特の甘い風味とすっきりとした香りが加わり、
まろやかなだけではない、香りのよいプリンになります。

材料・2~3個分
卵…2個
豆乳…2カップ
きび砂糖…60g
フェンネルパウダー…ひとつまみ
黒みつ…適量
きな粉…適量

1 ボウルに卵を割りほぐし、豆乳、きび砂糖、フェンネルパウダーの順に加えて混ぜ合わせる。
2 万能こし器でこしてなめらかにし、耐熱性の器に流し入れる。
3 蒸気の立った蒸し器に[2]を入れ、状態で強火で5分ほど蒸し、弱火にして10分蒸す。
4 黒みつときな粉をかけていただく。

生地は一度こしてなめらかにする。このひと手間で仕上がりのまろやかさが違う。

豆乳やわらかクッキー

クッキーなのに、しっとりやわらかい!
そんなやさしい食感がクセになりそうなおやつ。
豆乳を入れてやわらかい生地を作り、
スプーンで適量ずつ天板において
オーブンで焼き上げます。

材料・8枚分
卵…1個
バター(室温に戻したもの)…50g
きび砂糖…50g
ベーキングパウダー…大さじ1
アーモンドパウダー…大さじ1
重曹…ひとつまみ
小麦粉(薄力粉)…100g
豆乳…¼カップ
アーモンド(ローストしたもの)…8粒

1 卵は割りほぐす。
2 ボウルにバターときび砂糖を入れてすり混ぜ、[1]の半量を加えてさらに混ぜる。
3 [2]にベーキングパウダー、アーモンドパウダー、重曹を加えてよく混ぜ、小麦粉、豆乳の順に加えて混ぜ合わせる。
4 天板にクッキングシートを敷き、[3]を8等分くらいにしてスプーンですくっておく。
5 表面に残りの卵をぬり、真ん中にアーモンドをのせ、180度のオーブンで12分ほど焼く。

生地をスプーンですくってクッキングシートの上に落としていく。生地がやわらかいのでスプーンを使う。

中国式豆乳ドーナツ

中国のドーナツは、生地がしっかりとしていて食べごたえがあり、揚げているのに油っこくないのが、人気のゆえん。低温の油でゆっくりと揚げていくのが、おいしさの秘密です。

材料・8個分
卵…1個
小麦粉(薄力粉)…200g
ベーキングパウダー…大さじ½
きび砂糖…50g
豆乳…¼カップ弱
白洗いごま…適量
揚げ油(できれば太白ごま油)…適量

1 ボウルに卵を割りほぐし、小麦粉、ベーキングパウダー、きび砂糖を混ぜ合わせ、豆乳を加えてよく混ぜる。
2 [1]を8等分にし、ひとつずつ丸め、白洗いごまを全体にまぶしつける。
3 揚げ油を150~160度に熱し、[2]を静かに入れ、徐々に温度を上げながら、ゆっくりと揚げていく。
4 きつね色になったら油をきって取り出し、網にのせて油をきる。

丸めたら、全体にごまをまぶしつける。このごまが香ばしさを倍増させる。

豆乳マーラーカオ

マーラーカオは馬拉糕と書き、中国のカステラ。材料を混ぜて蒸すだけだから、とっても手軽。できたてアツアツをちぎって食べるのもよし、粗熱がとれてから切り分けてもＯＫ。いつ食べても飽きない、また食べたくなる味です。

材料・作りやすい分量
卵…3個
きび砂糖…60g
豆乳…½カップ
小麦粉(薄力粉)…100g
ベーキングパウダー…大さじ1
太白ごま油…大さじ2

1 ボウルに卵を割りほぐし、きび砂糖、豆乳を加えて混ぜる。
2 [1]に小麦粉、ベーキングパウダーを入れて混ぜ合わせ、太白ごま油を加えてなじませる。これが蒸しパンの生地。
3 せいろにクッキングシートを敷き、[2]を流し入れる。
4 蒸気の立った状態で18~20分蒸し、中まで火を通す。クッキングシートを除き、食べやすい大きさに切り分ける。

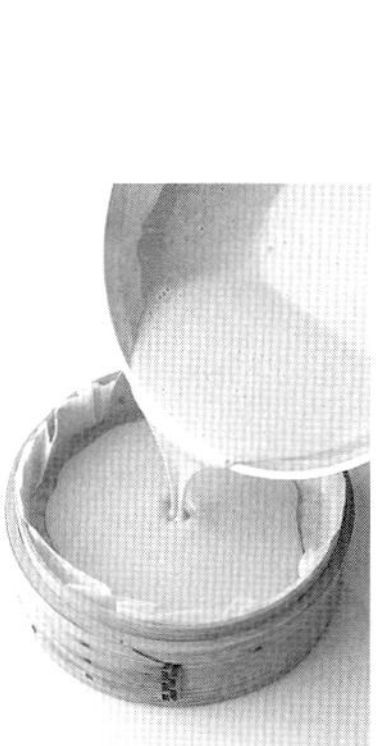

蒸しパンの生地を、クッキングシートを敷いたせいろに直接流し入れる。今回使ったせいろは直径18cmのもの。

ウー・ウェン

中国・北京生まれ。1990年に来日。ウー・ウェンクッキングサロン主宰。医食同源が根づいた中国の家庭料理とともに、中国の暮らしや文化を伝えている。著書に『ウー・ウェンの100gで作る北京小麦粉料理』『ウー・ウェンの炒めもの』『ウー・ウェンの煮ものあえもの』（以上、高橋書店）、『本当に大事なことはほんの少し』『10品を繰り返し作りましょう』（ともに大和書房）など多数。

ウー・ウェンクッキングサロン

E-mail : wu-w@cookingsalon.jp

Instagram : @wuwen_cookingsalon

撮影　今清水隆宏

デザイン　若山嘉代子 L'espace

構成・文　松原京子

校正　福島啓子

編集担当　深山里映

＊本書は2010年出版の『ウー・ウェンの豆乳三昧』に新規レシピと新たな取材を加え、再編集したものです。

豆乳

からだを整える基本の食材

著者　ウー・ウェン

編集人　東田卓郎

発行人　倉次辰男

発行所　株式会社 主婦と生活社

〒104-8357 東京都中央区京橋3-5-7

編集部 tel. 03-3563-5129

販売部 tel. 03-3563-5121

生産部 tel. 03-3563-5125

https://www.shufu.co.jp

製版所 東京カラーフォト・プロセス株式会社

印刷所 大日本印刷株式会社

製本所 共同製本株式会社

ISBN978-4-391-15902-8